BEI GRIN MACHT SICH I...
WISSEN BEZAHLT

- Wir veröffentlichen Ihre Hausarbeit,
  Bachelor- und Masterarbeit

- Ihr eigenes eBook und Buch -
  weltweit in allen wichtigen Shops

- Verdienen Sie an jedem Verkauf

Jetzt bei www.GRIN.com hochladen
und kostenlos publizieren

Karsten Arndt, Christopher Müller, Clara Weyhenmeyer

Fitness Revolution 3000 für Personal Trainer

GRIN Verlag

Bibliografische Information der Deutschen Nationalbibliothek:

Die Deutsche Bibliothek verzeichnet diese Publikation in der Deutschen National-
bibliografie; detaillierte bibliografische Daten sind im Internet über http://dnb.d-
nb.de/ abrufbar.

Impressum:

Copyright © 2013 GRIN Verlag GmbH
Druck und Bindung: Books on Demand GmbH, Norderstedt Germany
ISBN: 978-3-656-62275-8

Dieses Buch bei GRIN:

http://www.grin.com/de/e-book/270896/fitness-revolution-3000-fuer-personal-
trainer

GRIN - Your knowledge has value

Der GRIN Verlag publiziert seit 1998 wissenschaftliche Arbeiten von Studenten, Hochschullehrern und anderen Akademikern als eBook und gedrucktes Buch. Die Verlagswebsite www.grin.com ist die ideale Plattform zur Veröffentlichung von Hausarbeiten, Abschlussarbeiten, wissenschaftlichen Aufsätzen, Dissertationen und Fachbüchern.

Besuchen Sie uns im Internet:

http://www.grin.com/

http://www.facebook.com/grincom

http://www.twitter.com/grin_com

Universität Kassel
Fachbereich Wirtschaftswissenschaften
Fachgebiet Wirtschaftsinformatik

Praxisprojekt
in Wirtschaftsinformatik

Fitness Revolution 3000 für Personal Trainer

Karsten Arndt, Christopher Müller, Clara Weyhenmeyer

Abgabedatum: 18. Juli 2013

1 Executive Summary

Die personenbezogene Dienstleistung des Personal Trainers basiert bislang auf einem rein statischen Prozess. Die Dienstleistungsqualität wird von der entsprechenden Zielgruppe mit dem Ziel der Gewichtsabnahme als zufriedenstellend bezeichnet. (Dietz 2013) Die Kosten für eine Trainingseinheit schwanken hierbei, abhängig von Qualifikation und Einsatzstandort des Trainers stark. Durch die intensive persönliche Betreuung eines jeden Kunden durch den Personal Trainer, ist dieser in seinem Kundenstammausbau eingeschränkt. Der große Zeitaufwand spiegelt sich in relativ hohen Kosten[1] pro Trainingseinheit für den Kunden wieder.

Ziel der IT-unterstützten Dienstleistung Fitness Revolution 3000 ist eine Kostenreduktion für den Kunden um 15% bei mindestens gleichbleibender Leistungsqualität. Zudem sollen Personal Trainer die Möglichkeit erhalten, bei reduziertem individuellem Aufwand pro Kunde und gleichbleibender Dienstleistungsqualität ihren Kundenstamm zu erweitern und die Kundenbindung zu stärken. Weiterhin sollen ehemalige Kunden beim Halten des gewünschten Gewichts unterstützt werden können.

Die genannten Ziele sollen durch eine Anpassung und Modularisierung der bestehenden Dienstleistung erfolgen. Hierbei sollen standardisierbare Trainingseinheiten im Abnehmprozess durch den Einsatz von IT für jeden Kunden nutzbar sein. Der Personal Trainer nimmt diese Einheiten als Podcast – für alle Kunden zugänglich – auf und macht sie über eine E-Training Plattform für alle Nutzer zugänglich. Die Kunden können fortan Trainingsmodule aus individuellen und standardisierten Leistungsbestandteilen zusammenführen, zeitflexibel auf die Podcasts zugreifen und trainerunabhängig die Übungen ausführen. Kunden, die bereits ihr Wunschgewicht erreicht haben können dieses zudem nun ganz ohne persönliche Betreuung durch den Trainer – allein durch die Podcast-Module – zukünftig einfacher und länger halten. Der Trainer wiederum spart diese Zeit für die, sonst persönlichen, Trainingseinheiten ein und kann diese für die Erweiterung des Kundenstamms nutzen.

Zusätzlich bekommen die Kunden über die E-Training Plattform die Möglichkeit, ihren Trainingsstatus zu dokumentieren und tagesaktuell die Entwicklungskurve zu überprüfen. So werden über das eigene Trainingsprofil Angaben zur Gewichtsentwicklung, Trainingserfolgen und Zielerreichung gemacht. Neben dem Kunden hat so auch der Trainer die Möglichkeit zu jedem beliebigen Zeitpunkt den Trainingsstaus seiner Kunden zu kontrollieren und gegebenenfalls zeitnah einzugreifen und zu regulieren.

Festzuhalten sei hierbei jedoch auch, dass eine solche Anpassung des Dienstleistungsangebots nicht für alle Anbieter geeignet ist. Durch den Implementierungsaufwand und die damit verbundenen Kosten empfehlen wir den Einsatz des Optimierungsprogramms Fitness Revolution 3000 lediglich für qualifizierte hauptberufliche Personal Trainer.

---

[1] Relativ hohe Kosten im Vergleich zu Monatsbeiträgen in einem Fitnessstudio oder kostenlosen Fitness-Apps

Inhaltsverzeichnis

1   Executive Summary I

Abbildungsverzeichnis...III

Tabellenverzeichnis..IV

Abkürzungsverzeichnis V

2   Einführung.. 1

   2.1   Rahmenbedingungen, Problemstellung und Zielsetzung 1

   2.2   Vorgehensweise und Methodik 2

3   IST-Situation.. 4

   3.1   IST-Blueprint... 4

   3.2   Prozessbeschreibung 5

   3.3   Kundenrolle 6

   3.4   Leistungsabweichungen 7

   3.5   Fehlermöglichkeits- und Einflussanalyse.. 10

   3.6   SWOT-Analyse 11

4   Strategieentwicklung... 12

   4.1   Vision... 12

   4.2   Ziele 13

   4.3   Strategien 14

5   SOLL-Situation 18

   5.1   Neues Leistungsangebot... 18

   5.2   SOLL-Blueprint 19

   5.3   Prozessbeschreibung 20

   5.4   Neue Kundenrolle.. 20

   5.5   Fehlermöglichkeits- und Einflussanalyse.. 21

   5.6   Justifikation 21

6   Fazit 23

Literaturverzeichnis 24

Verzeichnis der Internetquellen 25

Gesprächsverzeichnis 26

Abbildungsverzeichnis

Abbildung 1: Vorgehensweise 3

Abbildung 2: IST-Blueprint 4

Abbildung 3: GAP-Modell der Dienstleistungsqualität 8

Abbildung 4: Visualisierung der Dienstleistungs-Vision 12

Abbildung 5: Magisches Dreieck 13

Abbildung 6: Marktfeldstrategie 15

Abbildung 7: Dimensionen der Wettbewerbsvorteilsstrategie 15

Abbildung 8: SOLL-Blueprint 19

Abbildung 9: Ersparnisverteilung der Kosten auf Dienstleistungskomponenten 21

Tabellenverzeichnis

Tabelle 1: Ebenen und Linien des Service Blueprints 5

Tabelle 2: SWOT-Analyse 11

Tabelle 3: Marketingsinstrumentstrategie anhand der Dienstleistungs "P" 17

Abkürzungsverzeichnis

BPT e.V.	Bundesverband Personal Training e.V.
DVD	Digital Video Disc
FEMA	Fehlermöglichkeits- und Einflussanalyse
IHRSA	International Health, Racquet & Sportsclub Association
IT	Informationstechnik
PC	Personal Computer
s.m.a.r.t	specific, measurable, accepted, realistic, timely
SWOT	Stärken, Schwächen, Chancen, Risiken

2 Einführung

2.1 Rahmenbedingungen, Problemstellung und Zielsetzung

Die personenbezogene Dienstleistung des Personal Trainers ist, wie alle Dienstleistungen der Definition nach zwar ein immaterielles Gut, jedoch mit materieller Handlung, nämlich einer auf den menschlichen Körper gerichtete Dienstleistung. Sie besitzt die typischen Eigenschaften der Immaterialität, Heterogenität, Gleichzeitigkeit von Produktion und Konsum der Dienstleistung und der nicht Lagerfähigkeit. Neben diesen konstitutiven Eigenschaften können IT-Dienstleistungen zudem Modularisiert werden. Das bedeutet, dass die Dienstleistung in Teilbestandteile zerlegt werden kann und je nach Kundenbedürfnis zu geeigneten und effizienten Leistungsbündeln zusammengestellt werden kann.(Leimeister, 2012, S. 17-26) Schwieriger wird eine solche Modularisierung bei sehr individuellen personenbezogenen Angeboten, wie dem bisherigen Konzept des Personal Trainers.

Die Berufsbezeichnung „Personal Trainer" ist in Deutschland rechtlich nicht geschützt, demnach darf sich jeder Anbieter Personal Trainer nennen und unter diesem Namen eine Dienstleistung anbieten.(Gräber, 2013) Eine staatlich anerkannte Ausbildung gibt es für dieses Berufsbild ebenfalls nicht.(Bundesverband Personal Training 2009) Infolgedessen unterliegt der Stundenpreis sowie die damit verbundene Leistung eines Personal Trainers einer großen Spannweite. Hierbei beziehen sich die Kosten pro Stunden zum einen auf die Qualifizierung bzw. die Reputation des Trainers und zum anderen auf äußere Rahmenbedingungen, wie dem Standort. Da es sich bei dem Personal Trainer um eine nicht klar abgrenzbare und fest definierte Dienstleistung handelt kann auch keine allgemeingültige Aussage über die Kosten für den Trainer zur Dienstleistungserstellung sowie einem möglichen Einsparungspotenzial getroffen werden. Des Weiteren sind die Kosten und das verfügbare Budget eines Personal Trainers abhängig von dessen Standort - so unterscheiden sich die Lebensunterhaltskosten in Süddeutschland deutlich von denen im Osten der Republik.(Statista GmbH 2009) Ebenfalls sollte beachtet werden, dass jeder Personal Coach unterschiedlich viel in sein Trainingsequipment und die Beratung investiert, sodass letztendlich ohne valide Datenerhebung im Rahmen dieser Arbeit nur eine Schätzung des Verbesserungspotenzials gegeben werden kann.(Edelhelfer GmbH 2013)

Der Markt der Personal Trainer in Deutschland ist aktuell ein primär unerforschtes Segment mit einer vergleichsweise jungen Dienstleistung. Deutlich wird dies durch den Vergleich des amerikanischen und des deutschen Markts der Personal Trainer. Während die Anzahl hauptberuflicher Personal Trainer in den USA laut einer Studie des amerikanischen Fitnessverbandes IHRSA (International Health, Racquet & Sportsclub Association 2013) aus dem Jahr 2007 auf ungefähr 149.000 geschätzt wird (Edelhelfer GmbH 2013), geht der Bundesverband Personal Training e.V. davon aus, dass in Deutschland lediglich 400 hauptberufliche Personal Trainer aktiv sind.(BPT e.V. 2013) Hinzu kommen laut dem BPT mehrere hundert nebenberufliche Personal Trainer.(BPT e.V. 2013) Aktive Mitglieder des BPT sind im März 2013 617 Personal Trainer, welche sowohl haupt- als auch nebenberuflich arbeiten.(Personal Fitness 2013) Auf dem größten deutschen Online-Portal für Personal Trainer www.personalfitness.de sind nach eigenen Angaben 2900 haupt- und nebenberuflich tätige Personal Trainer sowie

25.000 Kunden registriert.(Personal Fitness 2013) Jens Freese (Vorstandsmitglied im Bundesverband Deutscher Personal Trainer e.v.) hingegen schätzt in seinem Artikel „Personal Training wird erwachsen" die Anzahl der hauptberuflich tätigen Personal Trainer auf 500 bis 600.(BPT e.V. 2013)

Der Vergleich der oben genannten Zahlen verdeutlicht, dass aktuell keine genaue Angabe über die am Markt aktiven Personal Trainer in Deutschland gemacht werden kann. Auch über das Umsatzvolumen kann an dieser Stelle lediglich eine grobe Schätzung abgegeben werden. Nach einer Studie der Edelhelfer GmbH liegt der durchschnittliche Stundenpreis eines Personal Trainers außerhalb eines Fitnessstudios bei 78 Euro.(Edelhelfer GmbH 2013)

Auf Grund von persönlichen Gesprächen mit 3 Personal Trainern (Loehe, Katluhn, Wingenfeld 2013) wird in der folgenden Betrachtung davon ausgegangen, dass am deutschen Markt 500 hauptberufliche Personal Trainer im Durchschnitt 25 Stunden trainieren. Hinzu kommen 2500 nebenberufliche Trainer, die pro Woche im Schnitt 5 Stunden trainieren. Monetär ausgedrückt bedeutet dies, dass 2500 nebenberufliche Trainer, die fünf Stunden in der Woche trainieren bei einem Durchschnittspreis von 78 Euro pro Stunde knapp 50 Millionen Euro pro Jahr umsetzen.2 Die 500 hauptberuflichen Trainer setzen bei gleichem Durchschnittspreis und 25 Wochenarbeitsstunden ebenfalls knapp 50 Millionen Euro um.3 Daraus ergibt sich ein geschätzter Gesamtmarkt von über 100 Millionen Euro pro Jahr.

Trotz fehlender valider Studien und Ergebnisse, wird aus den Recherchen deutlich, dass der Markt des Personal Trainers eine erhebliche Größe darstellt. Die stark schwankenden, oft hohen Preise pro Trainingsstunde bei einem Personal Trainer, hemmen jedoch viele Kunden die Leistung in Anspruch zu nehmen. Somit geht ein großes Kundenpotenzial ungenutzt verloren. Ziel dieser Arbeit ist daher die Modularisierung der Leistung durch eine IT Unterstützung für Personal Trainer zu schaffen, welche den Kunden eine Kostenersparnis und den Trainern die Nutzung weiterer Ressourcen (Zeit) ermöglichen.

2.2 Vorgehensweise und Methodik

Aufgrund der beschriebenen Rahmenbedingungen und Probleme im Geschäftsfeld des Personal Trainers im einführenden Kapitel 2.1, widmet sich diese Arbeit zunächst, wie Abbildung 1 zu entnehmen, einer ausführlichen Analyse der IST-Situation (Kapitel 3). Hierbei wird zunächst durch die Methode des Service Blueprints der IST-Prozess visualisiert und in der darauf basierenden Prozessbeschreibung detailliert aufgeschlüsselt. Da eine der Besonderheiten von Dienstleistungen die Einbringung des externen Faktors darstellt, widmet sich der Punkt Kundenrolle im Speziellen dem Einfluss der Kunden. Auf Basis der gewonnenen Erkenntnis-

---

[2] 2500 Trainer x 5 Stunden pro Woche x 52 Wochen im Jahr x durchschnittlich 78 Euro pro Stunde = 50,7 Millionen Euro
[3] 500 Trainer x 25 Stunden pro Woche x 52 Wochen im Jahr x durchschnittlich 78 Euro pro Stunde = 50,7 Millionen Euro

se werden dann die Leistungsabweichungen aus Unternehmens- und Kundensicht mit Hilfe des Gap-Modells aufgedeckt. Anschließend wird dann die Eintrittswahrscheinlichkeit und Relevanz von Fehlern innerhalb des Prozesses mit Hilfe der Fehlermöglichkeits- und Einflussanalyse (FEMA) bestimmt. Neben den Analysen der Prozesse, Rollen und Abweichungen werden auch die Chancen und Risiken des Markts bzw. die Stärken und Schwächen des Unternehmens bzw. des Dienstleistungsanbieters im Rahmen einer SWOT-Analyse betrachtet. Nach ausführlicher Untersuchung der aktuellen Situation und Dienstleistung des Personal Trainers, sowie die Herausarbeitung der Schwachstellen und Potenziale kann im Anschluss die Konstruktion des neuen Angebots erfolgen.

Hierzu widmet sich Kapitel 4 der Strategieentwicklung. Zunächst werden die zu Grunde liegende Vision und langfristigen Ziele anhand des Magischen Dreiecks bestimmt, um anschließend eine umfangreiche Strategieentwicklung abzuleiten. Diese umfasst hierbei die Geschäfts- und Marktfeldstrategie, die Wettbewerbsvorteilsstrategie sowie die Marketinginstrumentstrategie.

Auf Basis der Vorstellungen zur Verbesserung des bisherigen Dienstleistungsangebot und der Vision, den Zielen und der Strategie soll im Folgenden das angepasste Leistungsangebot modelliert werden. Kapitel fünf befasst sich daher mit der gewünschten SOLL-Situation. Hierzu wird zunächst das neue Leistungsangebot beschrieben und die Erneuerungen hervorgehoben. Anschließend wird zur besseren Vergleichbarkeit und Transparenz der SOLL-Blueprint und dessen Prozessbeschreibung dem IST-Modell gegenübergestellt. Da es sich trotz Teilstandardisierung und IT-Einsatz immer noch um eine stark personenbezogene Dienstleistung handelt, welche maßgeblich durch den Kunden mitgestaltet und beeinflusst wird, soll im folgenden die neue Kundenrolle dargestellt werden. Anhand der FEMA werden anschließend die Fehlerpotenziale des angepassten Prozesses überprüft und denen der ursprünglichen Dienstleistung gegenübergestellt. In der Justifikation soll abschließend dargestellt werden, durch welche Maßnahme die gesetzten Ziele erreicht werden können.

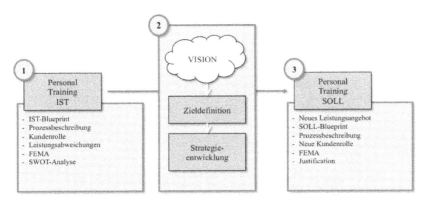

Abbildung 1: Vorgehensweise
Quelle: Eigene Darstellung

3

3 IST-Situation

3.1 IST-Blueprint

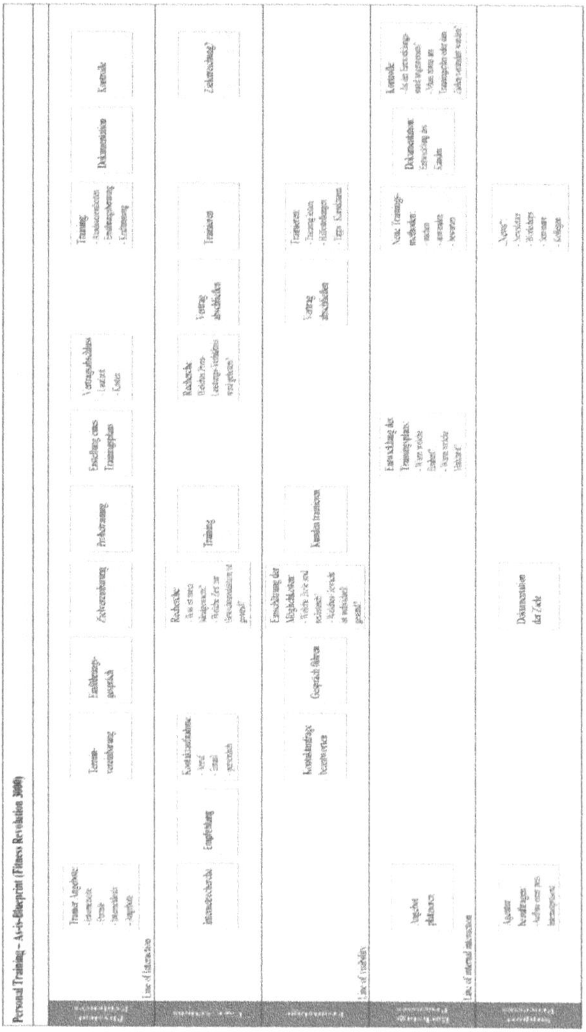

Abbildung 2: IST-Blueprint
Quelle: Eigene Darstellung

3.2 Prozessbeschreibung

Die Prozessbeschreibung der aktuellen Dienstleistung baut auf dem IST-Blueprint auf und soll den bereits grafisch abgebildeten Prozess der personenbezogenen Dienstleistung des Personal Trainers verbalisieren. In dieser Anwendung beschreibt der Service Blueprint zum einen die Abfolge der Aktivitäten und unterscheidet diese zum anderen auf fünf Ebenen (Physical Evidence, User Actions, Frontstage, Backstage Process, Support Process) sowie durch die Trennung von drei Linien (Line of Interaction, Line of Visibility und Line of Internal Interaction).

Hierbei haben die Ebenen und Linien die Tabelle 1 zu entnehmende Bedeutung (u.a. Leimeister, 2012, S. 201 ff.):

Ebenen		Bedeutung
Physical Evidence	= Berührungspunkte	Berührungspunkte des Kunden mit der Dienstleistung
User Actions	= Handlungen des Kunden	Kundenaktivitäten in zeitlicher Abfolge
Frontstage	= Handlungen des Anbieters	Handlungen des Anbieters in Kontakt zu dem Kunden
Backstage Process	= Aktivitäten im Hintergrund	Aktivitäten des Anbieters ohne Kundenkontakt
Support Process	= Unterstützende Hintergrundprozesse	Unterstützende Interaktionen zwischen den Prozessbestandteilen im Hintergrund
Linien		
Line of Interaction	= Interaktionslinie	Unterscheidung von Kunden- und Anbieteraktivitäten
Line of Visibility	= Sichtbarkeitslinie	Trennung zwischen für den Kunden sichtbare Anbieteraktivitäten und unternehmensinternen unsichtbaren Aktivitäten
Line of Internal Interaction	= Interne Interaktionslinie	Abgrenzung der primären Backstage Aktivitäten und den Support Aktivitäten

Tabelle 1: Ebenen und Linien des Service Blueprints
Quelle: Eigene Darstellung

Der initiale Ausgangsimpuls zur Inanspruchnahme der Dienstleistungen eines Personal Trainers kommt vom Kunden. Die Grundvoraussetzung ist der Wille, sein Körpergewicht zu reduzieren und dabei auf die Dienste eines Personal Trainers zu setzen. Ist dieses Kundenbedürfnis gegeben, so kann der Kunde entweder durch das sorgfältige Recherchieren im Internet oder durch eine gezielte Weiterempfehlung - beispielsweise eines Freundes - auf einen qualifizierten Coach aufmerksam werden. Anschließend kontaktiert er den auserwählten Personal Trainer, wobei die Kontaktaufnahme entweder persönlich oder unpersönlich via Telefon bzw. E-Mail stattfinden kann (User Action). In diesem ersten Einführungsgespräch wird ein weiter Termin zur Zielfestlegung vereinbart, welcher zumeist an einem neutralen Ort stattfindet (Physical Evidence, Frontstage). Bei diesem Zusammentreffen erfragt der Personal Trainer die Präferenzen Anliegen des Kunden und versucht hierdurch zu erfahren, was der Kunde sich von der Zusammenarbeit verspricht, welche Ziele er verfolgt und Möglichkeiten er ihm bieten kann. Es findet eine genaue Analyse der IST-Situation des Kunden statt, sodass der Trainer ein detailliertes Bild vom Zustand des Kunden bekommt. Auf Basis dessen lassen sich Rückschlüsse darauf ziehen, welcher Zeitraum des Gewichtsverlustes tragbar und gesund ist und was letztendlich das Idealgewicht ist. (Physical Evidence, User Action, Frontstage, Support Process)

Nach der Zielvereinbarung findet ein Probetraining statt. (Physical Evidence, User Actions, Frontstage) Dieses wird individuell auf die Bedürfnisse des Kunden zugeschnitten. Sollte der Kunde im Anschluss feststellen, dass der gewählte Personal Trainer doch nicht den individuellen Vorstellungen entspricht, bietet sich dem Kunden erneut die Möglichkeit, sich anderweitig zu entscheiden. Ansonsten wird ein Vertrag geschlossen, in dem alle Details bezüglich Finanzierung, Preis und Dauer der Beschäftigung sowie alle Ziele und Leistungen des Kunden erfasst werden. Zum Kern der Dienstleistung gehört weiterhin der Entwurf eines Trainingsplans, in dem alle Trainingstage zeitlich festgehalten sind (Physical Evidence, Backstage Process). Mit Vertragsabschluss beginnt dann das eigentliche Engagement (Physical Evidence, User Action, Frontstage). Nach jedem Training dokumentiert der Personal Trainer die Entwicklung des Kunden, um zu sehen, ob die eingesetzten Trainingsmethoden den gewünschten Fortschritt erzielen und ob bereits kleinere Erfolge verzeichnet werden konnten (Physical Evidence, User Action, Frontstage, Backstage Process, Support Process). Je nach Wunsch der Kunden kann das Schwierigkeitsniveau und infolgedessen auch das Pensum im Training gesteigert werden, sodass der Erfolg schneller sichtbar wird. Kurz vor dem Ende der Vertragslaufzeit, versucht der Personal Trainer ein eingehendes Feedback vom Kunden zu erhalten, um anschließend die Gesamtsituation sorgfältig zu analysieren (Physical Evidence, User Action, Backstage Process). In erster Linie kommt es hierbei auf die Zufriedenheit des Kunden an. Ist diese gewährleistet, so wird der Vertrag beendet, ansonsten kann es zu einer Fortsetzung des Vertrages kommen.[4]

3.3 Kundenrolle

Die Kundenrolle spiegelt die Sichtweise des Kunden wieder und soll Aufschluss darüber geben, welche Bedenken und Ängste im Zusammenhang mit der Erbringung der Dienstleistung auftreten und welchen Verantwortlichkeiten der Kunde ausgesetzt ist.

Die größten Bedenken in Bezug auf die Inanspruchnahme der Dienstleistungen eines Personal Trainers sind aus Kundensicht, inwiefern ein Personal Trainer im Stande ist, einen zufriedenstellenden Mehrwert bei der Verringerung des Körpergewichts bei angemessenen Kosten zu leisten. Kunden stellen sich die Frage, ob die angebotenen Trainingsstunden sowie die persönliche Betreuung wirklich hilfreich sind, um langfristig das Ziel der Gewichtsreduzierung zu erreichen. Zudem stellt sich aus Kundensicht die Frage, ob alle Anforderungen und Aufgaben, die an ihn gestellt werden, auch realistisch, umsetzbar und motivierend sind. Weiterhin ist entscheidend, dass der Personal Coach sich zuverlässig und kooperativ zeigt.

---

[4] Die Prozessbeschreibung basiert auf den gewonnenen Erkenntnissen in Gesprächen mit den Personal Trainern Loehe, Katluhn, Wingenfeld, (2013)

Auch hier spiegeln sich die typischen Eigenschaften von Dienstleistungen in den Ängsten und Bedenken wieder. Da es sich um eine immaterielle und heterogene Leistung handelt ist das subjektiv empfundene Kaufrisiko besonders hoch. Die Leistung kann im Vorfeld weder berührt, noch in irgendeiner Form getestet werden.

Ein zusätzlicher Aspekt für die Bereitstellung des kundenorientierten Wertes ist, sowohl das verantwortungsvolle als auch das kompetente Verhalten des Personal Trainers dem Kunden gegenüber, um sich in die Lage des Kunden versetzen und mögliche Anregungen und Einwände der Kunden besser einschätzen zu können.

Zunächst muss sich der Kunde im Klaren sein, dass die Inanspruchnahme eines Personal Trainers mit hohen Kosten verbunden ist und er somit in der Lage sein muss, diese wirtschaftlich zu tragen. Außerdem sollten die Zahlungen an den Personal Coach fristgerecht eingehalten werden. Ein weiterer Aspekt ist die Gleichzeitigkeit von Produktion und Konsum der Dienstleistung, die den Kunden als externen Faktor stets mit einbezieht. Dem Kunden muss demnach bewusst sein, dass sein persönlicher Erfolg und die Dienstleistungsqualität stark von ihm und den folgenden Aspekten abhängig ist.

Zum einen muss er bei Terminvereinbarungen pünktlich und zuverlässig sein, sowie während des Trainings vollste Einsatzbereitschaft zeigen. Gelingt es ihm eine Leidenschaft für die Dienstleistung zu entwickeln, dann wird er auch zukünftig Erfolg haben. Außerdem muss er kritikfähig sein und Rückschläge verkraften können, denn nur so wird er den eigenen Anforderungen gerecht werden.

3.4 Leistungsabweichungen

Nach Beschreibung der IST-Situation und der Relevanz der Kundenrolle wird deutlich, dass die Dienstleistung noch Leistungslücken aufweist. Um diese Ausbessern und die Dienstleistung anpassen zu können, müssen die Lücken aus Kunden- und aus Anbietersicht zunächst aufgedeckt werden.

Die internen Leistungslücken befassen sich - dem Namen nach - mit den internen Leistungsproblemen bzw. den gewünschten Verbesserungen einer Dienstleistung bzw. dessen Prozess. Hierbei geht es im Kern um die Abweichung der gewünschten und erbrachten Leistung aus Anbieterperspektive. Um diese messen und die Lücken schließen zu können bedarf es Messgrößen sowie einer Dokumentation des Ziel- und aktuellen Wertes. Um eine tatsächliche Verbesserung erzielen zu können empfiehlt es sich außerdem mindestens zwei Größen im Bereich der Leistungsaspekte – in diesem Fall Produktivität/Effizenz mit Qualität/Konsistenz – in Verbindung zu setzen. Im Beispiel der Dienstleistung des Personal Trainers aus Anbietersicht besteht die Abweichung vor allem Produktivität und Effizienz. Auf Grund des großen Zeitaufwands pro Klient, kann dieser aktuell einen Kundenstamm von höchstens 6-8 Mitgliedern betreuen. Zudem enden die Kundenbeziehungen momentan mit Erreichung des Zielgewichtes (Im Durchschnitt nach 12-16 Wochen).(Loehe, Katluhn, Wingenfeld, 2013) Eine langfristige Betreuung der Kunden mit dem Ziel der Gewichtserhaltung wäre jedoch wünschenswert. Die angestrebten Zielwerte liegen bei einer Aufstockung des Kundenstamms auf mind. 10 Mitglieder und eine Verlängerung der Kundenbindung auf durchschnittlich 20 Wochen.

Die externen Leistungsabweichungen befassen sich wiederum mit den externen Abweichungen zwischen den erwarteten und wahrgenommenen Leistungen. Hierbei geht es um eine Verbesserung der Leistung in Hinblick auf die Kundenwünsche. Es werden ebenfalls die Leistungsaspekte der Internen Leistungslücken betrachtet und auf die externe Unternehmenswelt bezogen. Die Messgrößen hingegen beziehen sich auf die Kundensicht. Zur Analyse der Qualitätswahrnehmung und Kundenzufriedenheit wird in diesem Kontext häufig auf das GAP-Modell zurückgegriffen. Dieses beschreibt die Abweichung zwischen den Kundenerwartungen und den individuellen Wahrnehmungen. Es umfasst fünf mögliche „Gaps", die im Verlauf der Dienstleistung auftreten können. Es handelt sich hierbei (siehe Abbildung 3) Diskrepanzen: zwischen der Wahrnehmung der Kundenerwartung durch das Management (Gap1), der Umsetzung der wahrgenommenen Kundenerwartung in Dienstleistungsspezifikation (Gap 2), von der tatsächlichen Erbringung der Dienstleistungsspezifikation (Gap 3), durch unzureichende Außenkommunikation (Gap 4) sowie zwischen erwarteter und wahrgenommener Qualität (Gap 5).

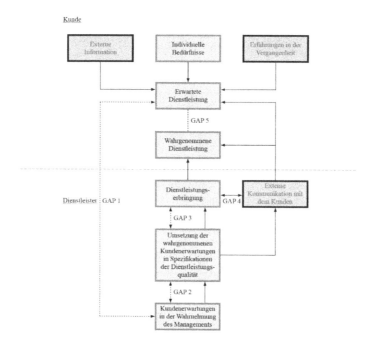

Abbildung 3: GAP-Modell der Dienstleistungsqualität
Quelle: Eigene Darstellung in Anlehnung an Leimeister 2012, S. 296

Die Abweichungen im Fall der Dienstleistung des Personal Trainers entsteht bereits im ersten Schritt – der Diskrepanz zwischen der Wahrnehmung der Kundenerwartung durch das Management. Die Kundenerwartungen werden falsch wahrgenommen und eingeordnet. Aktuell liegt der Fokus auf der individuellen und zeitaufwändigen persönlichen Betreuung des Kunden bei jeder Trainingseinheit. Tatsächlich ist dem Kunden ein kostengünstiges und zugleich erfolgsversprechendes Dienstleistungsangebot viel wichtiger. Seine Erfahrungen aus Fitnessstudios und Hometraining-Angeboten wie Fitness Apps oder DVDs waren zwar günstig, führten jedoch nicht zum gewünschten Ergebnis.(Dietz 2013) Eine Betreuung und Kontrolle durch den Personal Trainer wird somit zwar gewünscht – im Fokus steht jedoch die erfolgreiche Zielerreichung bei geringen Kosten. Aktuell liegen diese bei durchschnittlich 78 Euro pro Trainingseinheit, der angestrebte Zielwert liegt jedoch bei einer Kostenreduktion von 15%.

Basierend auf der Fehleinschätzung in Gap 1 resultieren weitere empfundene Leistungsabweichungen aus Kundensicht in Gap 2 und 3. Durch die falsch wahrgenommene Kundenerwartung, wird diese entsprechend in der Dienstleistungsspezifikation – hier dem starken Fokus auf die persönliche Betreuung – umgesetzt und dementsprechend erbracht. Die Außenkommunikation erfolgt zumeist durch Mund-zu-Mund Propaganda, Internetauftritte und Flyer. Es handelt sich bei der Informationsübermittlung meist um kurze werbliche Aussagen, welche der Kunde erwartet und aus anderen Dienstleistungsbereichen kennt. Hier ist der Gap-Potenzial eher gering. Um die Entstehung von Gaps auf Grund von Diskrepanzen zwischen Erwartungen und Wahrnehmungen der Kunden zu vermeiden oder diese zumindest frühzeitig zu erkennen sollte die Zufriedenheit des Kunden nach jeder Einheit dokumentiert werden. Auch der Vergleich zu anderen Kunden mit gleichen Rahmenbedingungen kann hilfreich sein, um zum einen den Kunden zu motivieren und zum anderen eine Relation des Erfolges aufzuzeigen.

Die Dringlichkeit zur Verbesserung des Service liegt auch in den knappen Kapazitäten des Personal Trainers für seinen Kundenstamm. Auf Grund der stark personenbezogenen Dienstleistung kann dieser nur eine geringe Kundenanzahl betreuen. Durch den großen zeitlichen Aufwand des Trainers und dem individuellen Leistungsangebot fallen für den Kunden hohe Kosten an. Die Chance, die sich sowohl für den Kunden, als auch für den Personal Coach bietet, wäre eine IT-Unterstützung, durch welche der Kunde viele Übungen modular buchen und teilweise flexibel zu Hause aus erledigen könnte. Dies würde den Personal Trainer zeitlich entlasten und eine Ausweitung des Kundenstammes ermöglichen. Der Kunde wiederum könnte sein Training in teilweise standardisierten Einheiten absolvieren und zusätzliche persönlich geleitete Trainingseinheiten in Anspruch nehmen. Durch den teilstandardisierten Part könnten somit Kosten für den Kunden eingespart werden.

3.5 Fehlermöglichkeits- und Einflussanalyse

Nachdem der gesamte Dienstleistungsprozess sowohl grafisch als auch verbal vorgestellt und die Leistungsabweichungen im Selbigen erfasst wurden, findet im Folgenden Abschnitt eine FEMA statt. Diese Analyse stammt aus dem Bereich des Qualitätsmanagements der industriellen Produktherstellung und wurde für die Analyse von Geschäftsprozessen adaptiert.(Leimeister, 2011, S. 200 f.) Sie soll aufzeigen, an welcher Stelle des Prozesses Fehler auftreten können, wie wahrscheinlich diese sind und welche Bedeutung sie für den Dienstleistungserstellungsprozess bzw. die Kundenwirkung haben.

1. Den ersten Prozessschritt stellt die <u>Suche nach einem qualifizierten Personal Trainer</u> dar. Dabei entsteht die Ungewissheit, welchem Personal Trainer das Vertrauen geschenkt werden soll und ob er geeignet erscheint, den Anforderungen gerecht zu werden. Somit ist die Fehlerwahrscheinlichkeit relativ hoch (Eintrittswahrscheinlichkeit 7; Bedeutung 9 = <u>63</u>[5]).

2. Die <u>Kontaktaufnahme</u> zur Terminvereinbarung ist der 2. Prozessschritt. Diese ist eher unproblematisch, denn heutzutage verfügt jeder Personal Trainer über ein Handy oder einen E-Mail Account, sodass die Fehlerwahrscheinlichkeit (Eintrittswahrscheinlichkeit 1; Bedeutung 7 = <u>7</u>) recht niedrig ist.

3. Das <u>Einführungsgespräch</u> ist dagegen viel fehleranfälliger (mittel bis hoch; Eintrittswahrscheinlichkeit 5; Bedeutung 9 = <u>45</u>), da nicht jeder Kunde seine Ziele und Anliegen genauestens schildert oder der Personal Trainer den Kunden in dem ein oder anderen Punkt missverstehen könnte.

4. Auch das auf den Kunden abgestimmte <u>Probetraining</u> lässt viele Fehler vermuten, denn sollten sich schon im Einführungsgespräch Missverständnisse ergeben haben, so kann das Probetraining für den Kunden alles andere als zufriedenstellend verlaufen. (Fehlerwahrscheinlichkeit mittel bis hoch; Eintrittswahrscheinlichkeit 5; Bedeutung 9 = <u>45</u>).

5. Ebenfalls eine sehr hohe Fehlerwahrscheinlichkeit ergibt sich bei dem Abschließen des <u>Vertrages</u>, da es vorkommen kann, dass wichtige Details bezüglich Finanzierung und Preise außer Acht gelassen werden, sodass oft im Nachhinein der Kunde in Zahlungsschwierigkeiten kommen kann (Eintrittswahrscheinlichkeit 6; Bedeutung 10 = <u>60</u>).

6. Das Entwerfen eines <u>Trainingsplans</u> bildet kein sehr hohes Risiko ab, da ein Plan zunächst nur ein Konzept darstellt, welches später in dringenden Fällen geändert werden kann. Dadurch ergibt sich eine recht niedrige Fehlerwahrscheinlichkeit (Eintrittswahrscheinlichkeit 3; Bedeutung 4 = <u>12</u>).

---

[5] Formel: Eintrittswahrscheinlichkeit x Bedeutung

7. Demgegenüber stellt die <u>Dokumentation und die Kontrolle</u> eine mittlere bis hohe Fehlerwahrscheinlichkeit dar, weil der Personal Coach nicht jeden seiner einzelnen Kunden bestmögliche Aufmerksamkeit und Beachtung schenken kann, sodass sich in der Dokumentierung und im Kontrollieren der Messwerte Fehler ergeben könnten (Eintrittswahrscheinlichkeit 6; Bedeutung 9 = <u>54</u>).

8. Im letzten Prozessschritt ist das <u>Abschlussgespräch</u> zu bewerten. Dieses besitzt eine mittlere Fehleranfälligkeit, denn nicht bei jedem Kunden ist das Feedback aussagekräftig genug, damit der Personal Trainer beispielsweise auf eventuelle Fehler aufmerksam wird und zukünftig seine Methoden und Übungen ändert (Eintrittswahrscheinlichkeit 4; Bedeutung 7 = <u>28</u>).

3.6 SWOT-Analyse

Um die bestehende Dienstleistung des Personal Trainers entsprechend der Anforderungen der Fitness Revolution 3000 verbessern zu können, muss zunächst eine Situationsanalyse des aktuellen Marktumfelds erfolgen. Hierbei sollen die Chancen und Stärken aber auch die Risiken und Schwächen der Dienstleistung in der aktuellen Ausgestaltung mit Hilfe einer SWOT-Analyse aufgedeckt werden.

Chancen	Risiken
- Neuartiges Trainingskonzept - Trend zu E-Learning kann sich positiv auf E-Training auswirken - Erweiterung des DL-Angebots durch IT Einsatz - Verlängerung des Kundenbeziehung durch E-Training auch nach erfolgreichem Gewichtsverlust	- Keine Beschränkung/Schutz des Begriffs „Personal Trainer" - Zunehmender Markt an kostenlosen Fitness Apps - Kunden akzeptieren neues Angebot nicht
Stärken	**Schwächen**
- Flexibilität der Trainingszeiten - Kostenreduzierung des DL-Angebots - Individuelles Bündelmodell zusammenstellbar - Digitale Selbstkontrolle durch Ernährungstabellen und Trainingstagebücher - Persönliche Beratung und Training	- Eventuell können nicht alle Trainer die Investitionskosten für die neue DL selber tragen - Nicht alle Trainer können das neue Konzept umsetzen - Nicht alle Kunden können mit den neuen Medien umgehen

Tabelle 2: SWOT-Analyse
Quelle: Eigene Darstellung in Anlehnung an Meffert, Bruhn (2009), S.122

4 Strategieentwicklung

4.1 Vision

Die Vision bildet die langfristige Unternehmensausrichtung und kernstrategische Frage ab. Sie steht am Anfang der Ziel- und Strategieentwicklung und soll Aufschluss darüber geben, in welche Richtung sich ein Unternehmen bzw. in diesem Fall eine Dienstleistung entwickeln soll und wieso dies zum Erfolg führen wird. Die Vision steht damit über den Zielen, Strategien und Handlungsempfehlungen und bietet die Grundlage. (Leimeister, 2011, S. 140)

Die Vision beantwortet, mit welchen Technologien, Qualitätsstandards, Differenzierungsmerkmalen und nach welchem Verständnis bzw. nach welcher Philosophie die Dienstleistung erbracht werden soll.(Leimeister, 2011, S. 141) Im Fallbeispiel des Personal Trainers ergeben sich folgende Visionsbestandteile:

Der Personal Trainer soll zukünftig mit Hilfe einer E-Trainingsplattform einen standardisierten Trainingspart entwickeln und seinen Kunden zur Verfügung stellen können. Das Tool ermöglicht neben Trainingspodcasts weitere Funktionen wie elektronische Trainingstagebücher, Ernährungstabellen und sportmedizinische Informationen für den Kunden. Hierbei soll bei gleichbleibender Qualität mit Fokus auf der persönlichen Betreuung im individuellen Training Kosten reduziert werden. Dies wird durch eine Ausgliederung des standardisierten Trainingsparts und eine daraus resultierende Modularisierung des Leistungspakets ermöglicht. Die Differenzierung vom Wettbewerb geschieht hierbei zum einen durch den Einsatz von IT und zum anderen über ein Baukasten-Buchungssystem. Wie bei vielen personenbezogenen Dienstleistungen gewünscht, kann so die Philosophie *„Der Kunde ist König!"* durch Kostenreduzierung, Flexibilität in der Dienstleistungsnutzung, maßgeschneiderter persönlicher Betreuung bei mindestens gleichbleibender Qualität im Vergleich zur bisherigen Dienstleistung des Personal Trainers umgesetzt und der Kunde in den Mittelpunkt gerückt werden.

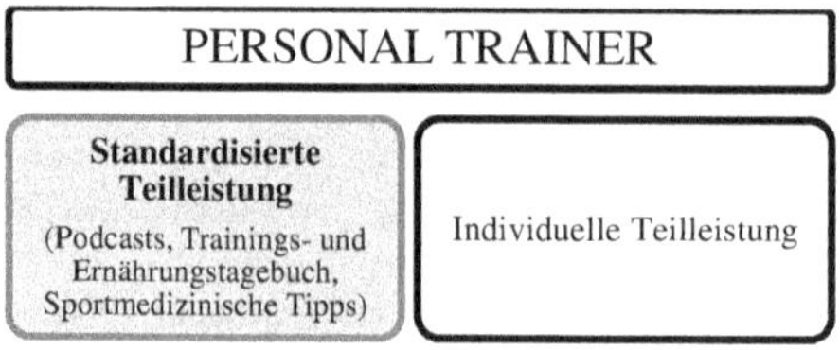

Abbildung 4: Visualisierung der Dienstleistungs-Vision
Quelle: Eigene Darstellung

4.2 Ziele

Basierend auf der Vision der optimierten Dienstleistung eines Personal Trainers lassen sich die Ziele und daraus die Prozessanpassungen ableiten. Die Ziele sind hierbei potenzial-, prozess- sowie ergebnisorientiert und beziehen sich auf den Erfolg und die Qualität der gesamten Dienstleistung.

Die Ziele der angestrebten Dienstleistungsoptimierung lassen sich anhand des häufig im Projektmanagement verwendeten „Magischen Dreiecks" verdeutlichen. Beim diesem Modell wird der Erfolg oder Misserfolg einer Veränderung anhand der Dimensionen Zeit, Qualität und Kosten gemessen. Hierbei ist eine gleichzeitige Verbesserung aller Faktoren nicht möglich, da sie sich gegenseitig negativ beeinflussen. Die Qualität ist abhängig von den verfügbaren Ressourcen an Zeit, die Kosten sind abhängig von den Qualitätsansprüchen an die Dienstleistung und die aufzuwendende Zeit hängt wiederum an von der Qualität und den verfügbaren Ressourcen ab.(Kessler, Winkelhofer 2004, S. 55)

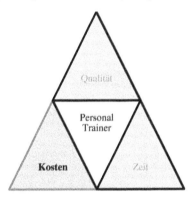

Abbildung 5: Magisches Dreieck
Quelle: Elgene Darstellung in Anlehnung an Kessler, Winkelhofer 2004, S. 55

In der Vision wurde formuliert, dass bei der Dienstleistung des Personal Trainings zwar die Kosten reduziert, jedoch eine gleichbleibende Qualität geliefert werden soll. Daraus ergeben sich zwei Zielebenen auf denen die mögliche Erreichung und Verfehlung betrachtet werden müssen. Die erste bezieht sich auf die Bedürfnisse des Personal Trainers, die zweite wiederum auf die Kundenanforderungen.

Durch die Automatisierung von Teilprozessen, die sich bei jedem Kunden wiederholen (sich möglicherweise aber unter der Line of visibility abspielen), soll dem Trainer die Chance eingeräumt werden, sich bei einem erweiterten Kundenstamm besser auf die individuell benötigten Einheiten zu spezialisieren. Dem Kunden hingegen soll, bei gefühlt gleichbleibender Qualität ein verringerter Preis angeboten werden können. Dies ist möglich, da durch die IT-Unterstützung weniger Kontakt zum Trainer erfolgen muss. Weiterhin können die Trainingsergebnisse, bspw. durch die Anwendung eines E-Trainingsbuches, vom Trainer auf die Distanz analysiert werden. Durch das Angebot eines Trainingspodcasts kann der Trainierende außerdem weiterhin besser über seine Trainings-Zeiträume bestimmen und die Einheiten zeitflexibel absolvieren.

Um die Ziele sinnvoll aufstellen und messen zu können müssen diese s.m.a.r.t. formuliert sein – s.m.a.r.t ist hierbei ein Akronym und steht für spezifisch (specific), messbar (measurable), attraktiv/akzeptiert (accepted), realistisch (realistic) und terminiert (timely).(Leimeister, 2011, S. 141) Aus diesen Voraussetzungen ergeben sich folgende Ziele:

„Wir möchten bis Ende 2014 bei gleicher Dienstleistungsqualität durch eine IT-basierte Teilstandardisierung des Trainings eine Kostenreduktion für den Kunden von 15% pro Trainingseinheit erreichen."

„Wir möchten bis Ende 2014 durch eine Teilstandardisierung des Trainings und IT-Einsatz dem Personal Trainer eine Kundenstammerweiterung von bis zu 10 Mitgliedern ermöglichen."

4.3 Strategien

Die Dienstleistungsstrategie dient der Abgrenzung anderer, eventuell ähnlich aufgebauter Angebote auf dem Markt. Da es sich bei Dienstleistungen um nicht patentierbare und daher leicht imitierbare Angebote handelt, ist diese von entscheidender Bedeutung. Hierbei wird der Fokus auf die Herausstellung der Wettbewerbsvorteile - ausgerichtet an den zuvor aufgestellten Vision und Zielen - gelegt. (Leimeister, 2011, S. 142-149) Die Strategie bietet einen langfristig ausgerichteten Orientierungsplan, welcher Aspekte wie die relevanten Geschäfts- und Marktfelder, Wettbewerbsvorteile und geeignete Marketinginstrumente umfasst. Hierbei bedingt die Unternehmensstrategie die Geschäftsfeldebene, welche wiederum Einfluss auf die Funktionsebene hat. Die Fachbereiche Produkt, Marketing, Vertrieb und Beschaffung bilden dann die Grundlage für die operative Umsetzung.

Im Beispiel der angepassten Dienstleistung des Personal Trainers soll der Fokus auf das *Geschäftsfeld* der Gewichtsreduktion gelegt werden. Der Relevante Markt umfasst hierbei sowohl die Personal Trainer als Anbieter, als auch die Kunden mit dem Ziel der Gewichtsabnahme durch persönliches coaching.

Auf Grund dieser Abgrenzung des Marktfeldes soll eine Einordnung in die Marktfeldstrategie folgen. Hierbei bestehen die - Abbildung 6 zu entnehmenden - Handlungsalternativen der Marktdurchdringung, Marktentwicklung, Dienstleistungsentwicklung und Diversifikation der Dienstleistung.

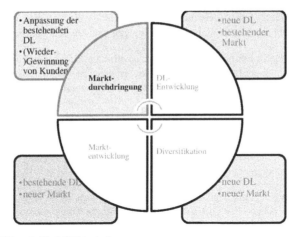

Abbildung 6: Marktfeldstrategie
Quelle: Eigene Darstellung in Anlehnung an Meffert, Bruhn, 2009, S. 152

Auf Basis der Geschäftsfeldstrategie lässt sich sagen, dass es sich um eine bereits bestehende Dienstleistung auf einem bestehenden Markt handelt. Daher wird der Fokus auf die *Markt-durchdringungsstrategie* gelegt. Zwar wird die bekannte Dienstleistung des Personal Trainers erweitert und teilstandardisiert, die Idee und das Ziel der persönlichen Betreuung während der Gewichtsabnahme bleibt jedoch bestehen. Der Schwerpunkt liegt zum einen auf der Gewinnung neuer bzw. die Wiedergewinnung bereits verlorener Kunden und zum anderen auf der Verbesserung der Offerte. Hierbei soll bei gleichbleibender Qualität ein kostengünstigeres Kundenangebot geschaffen werden. Der Wettbewerbsvorteil besteht hierbei vor allem in einem *Kosten-, aber auch in einem Differenzierungsvorteil* (siehe Abbildung 7) zur Konkurrenz bzw. der bisherigen Dienstleistung des personal Trainers.

Abbildung 7: Dimensionen der Wettbewerbsvorteilsstrategie
Quelle: Eigene Darstellung in Anlehnung an Meffert, Bruhn, 2009, S. 157

15

Die Kostenreduktion für den Trainer und die daraus resultierende Preissenkung für den Kunden können durch Folgende Dienstleistungsanpassungen gewährleistet werden:

1. Automatisierung/Standardisierung – Übertragbare und standardisierbare Trainingseinheiten sollen automatisiert für alle Kunden zugänglich gemacht werden. Hierbei können zukünftig Ausdauer- und Kraftübungen, welche keine speziellen Erklärungen oder Hilfestellungen voraussetzen, vom Kunden selbst absolviert werden. Zudem wird dieser durch eine E-Training Plattform in seiner Trainingsumsetzung unterstützt. Ihm stehen fortan digitale Ernährungs- und Kalorientabellen mit Rezeptvorschlägen, sowie ein digitales Trainingstagebuch und sportmedizinische Zusatzinformationen online zur Verfügung. Der Kunde erstellt sein eigenes online Trainingsprofil auf dem er und sein Trainer die Trainingserfolge jederzeit abrufen und kontrollieren können.

2. Rationalisierung – Durch die Reduktion und Individualisierung weniger persönlicher Trainingseinheiten können Kosten eingespart werden. Solche Trainingseinheiten, die bei jedem Kunden mit dem Wunsch der Gewichtsabnahme gleich sind, werden nicht mehr in persönlichen Terminen durchgeführt. Persönliche Betreuung bei individuellen Probleme /Herausforderungen rücken jedoch in den Vordergrund.

3. Kostenmanagement – Durch die Standardisierung können bisherige, persönliche Einheiten einmalig für alle Kunden in Podcasts aufgenommen werden. Die enorme Zeitersparnis für den Trainer spiegelt sich in einer Kostenersparnis für den Kunden wieder. Neben dem klaren Wettbewerbsvorteil der Kostenreduktion, kann von einem Nebeneffekt der Differenzierung profitiert werden.

4. Innovation – Durch den Einsatz neuer Techniken vor allem in Form der Podcasts auf der E-Training Plattform, differenziert sich das Angebot klar von der Konkurrenz. Das Leistungsprogramm wir erweitert und ausgebaut, so dass dem Kunden zukünftig Ernährungs- und Kalorientabellen und Rezepte zur Verfügung stehen. Weiterhin hat der Kunde die Möglichkeit der individuellen Zeiteinteilung bei Standardtrainings und der Trainer Zugriff auf ein Frühwarnsystem durch die digitale Kontrollfunktion.

Anhand dieser Strategien sollen alle bisherigen Zielgruppen der Personal Trainer angesprochen werden. Überdies besteht durch das erweitere Leistungsangebot die Möglichkeit, bereits verlorene Kunden Wiederzugewinnen. PC- und Internetzugang können als vorhanden im gesamten Zielgruppensegment vorausgesetzt werden. Auf Grund dieser strategischen Basis erfolgt die Überlegung einer sinnvollen operativen Umsetzung mit Hilfe von Marketinginstrumenten. Hierbei wird sich anhand der 7 Dienstleistungs Ps (Meffert, Bruhn, 2009, S. 179) orientiert (siehe Tabelle 3).

Marketinginstrument	Ausprägung
Product	- Kernleistung: Die Betreuung und Unterstützung des Kunden bei der Gewichtsabnahme - Soll-Service Blueprint
Place	- Distribution direkt über den Personal Trainer - Angebote über Internet, Anzeigen, Mailingaktionen, Rabattaktionen
Price	- Pauschalpreis für standardisierten Teil + nutzungsabhängige Bezahlung für die Trainingseinheiten mit Personal Trainer - Angebotspakete - Kostenreduktion im Vergleich zur klassischen Personal Trainer Betreuung
Promotion	- Soziale Netzwerke, Zeitungsanzeigen, Internetseiten der Personal Trainer, Verbunde der Personal Trainer und Fitness Coaches, Radiowerbung
Personnel	- Zertifizierte, qualifizierte und erfahrene Personal Trainer - Mehr Kapazitäten pro Trainer für neue Kunden
Process Management	- Soll-Service Blueprint - Selbstständiges Training des Kunden von daheim - Eigenständige Kontrolle durch digitales Tagebuch, Ernährungs- und Kalorientabelle, Rezepte
Physicalfacilities	- E-Plattform mit Kunden Log-In - Podcasts, Trainingstagebuch, Ernährungs- und Kalorientabelle - Trainer - Kamera - Trainingsplan, der auch ohne Aufsicht funktioniert und keine großen Risiken birgt

Tabelle 3: Marketinginstrumentstrategie anhand der Dienstleistungs "P"
Quelle: Eigene Darstellung

5 SOLL-Situation

5.1 Neues Leistungsangebot

Der folgende Abschnitt deckt den erweiterten Nutzen sowohl für den Anbieter, als auch für den Kunden nach der Umstrukturierung der Dienstleistung auf und informiert über die anfallenden Kosten bei der Neuanpassung. Außerdem wird die Vorgehensweise der neuen Technologie und Modularisierung beschrieben, sodass ein Überblick entsteht, auf welchem Konzept die angepasste Dienstleistung basiert. Das neue Dienstleistungsangebot des Personal Trainers erweitert sich neben den eigentlichen Protagonisten des Personal Trainers und dem Kunden um einen Online-Tool, eine Plattform, auf der der Personal Trainer verschiedene zuvor aufgenommene Podcasts lädt und diese für den Kunden jederzeit abrufbar sind. Der Fokus besteht jedoch weiterhin auf dem persönlichen Training. Der Kunde soll individuell betreut und zu seiner Zielerreichung geführt werden. Hierbei soll jedoch eine Optimierung des Zeit- und Kosteneinsatzes erfolgen, ohne qualitative Einbußen hinnehmen zu müssen. Unterstützt wird das persönliche Training durch den Einsatz von IT. Zum einen wird ein wöchentlicher Podcast erstellt, welcher allen Kunden zur Verfügung gestellt wird. Hier bekommen diese Trainingsaufgaben, welche sie von zu Hause ausüben können. Zum anderen wird eine virtuelle Trainingseinheiten angeboten, welche der Kunde flexibel einteilen und ausüben kann. Darüber hinaus soll zukünftig die Dokumentation von Anbieter- und Kundenseite digital erfolgen – Fortschritt, Verbesserungsansätze ebenso wie absolvierte Einheiten (allein und mit Trainer), Mahlzeiten und Gewicht. Das Tool bietet die Möglichkeit den aktuellen Entwicklungsstand jederzeit in Form einer Gewichtskurve anzuzeigen, sowie Aufschluss über die Kalorienanzahl von Lebensmitteln zu geben. Je nach Zeit und Auslastung des Trainers hat dieser die Möglichkeit zusätzliche sportmedizinische Tipps oder Rezeptvorschläge zu veröffentlichen. Der Kunde kann fortan in einem modularisierten Baukastensystem, je nach Betreuungsbedarf und Investitionsmöglichkeiten, standardisierte und individuelle Trainingseinheiten zusammenstellen.

Durch die beschriebene Plattform ergibt sich für den Trainer die Möglichkeit, seinen Kundenstamm zu erweitern, da er nun mehr Zeit zur Betreuung weiterer Kunden hat. Außerdem kann er durch die Plattform jeden seiner Kunden besser kontrollieren, wodurch er schon frühzeitig auf eventuelle Fehler aufmerksam wird und entsprechende Gegenmaßnahmen einleiten kann. Aber nicht nur für den Personal Trainer ergeben sich viele Vorteile bei der Veränderung des Dienstleistungsangebots, auch für den Kunden wirkt sich eine entsprechende Umstrukturierung positiv aus. Auch ihm bietet die Plattform eine bessere Selbstkontrolle und ein flexibleres Zeitmanagement, da er zu jedem Zeitpunkt auf die Plattform zugreifen kann. Darüber hinaus fallen die Kosten für den Kunden viel geringer aus, da der Personal Trainer bei erweitertem Kundenstamm sein Leistungsangebot pro Stunde zu deutlich besseren Konditionen anbieten kann. Trotz der vielen Chancen und Möglichkeiten, welche die Plattform bietet, darf jedoch nicht außer Acht gelassen werden, dass die Kundenaffinität zu neuen digitalen Medien recht hoch sein muss, damit ein gleichbleibendes Qualitätserlebnis liefern kann. Nicht zu vernachlässigen sind ebenfalls die anfallenden Implementierungskosten sowie fixen Kosten bei der Erstellung der Podcasts und des Dokumentations-Tools für den Trainer.

5.2 SOLL-Blueprint

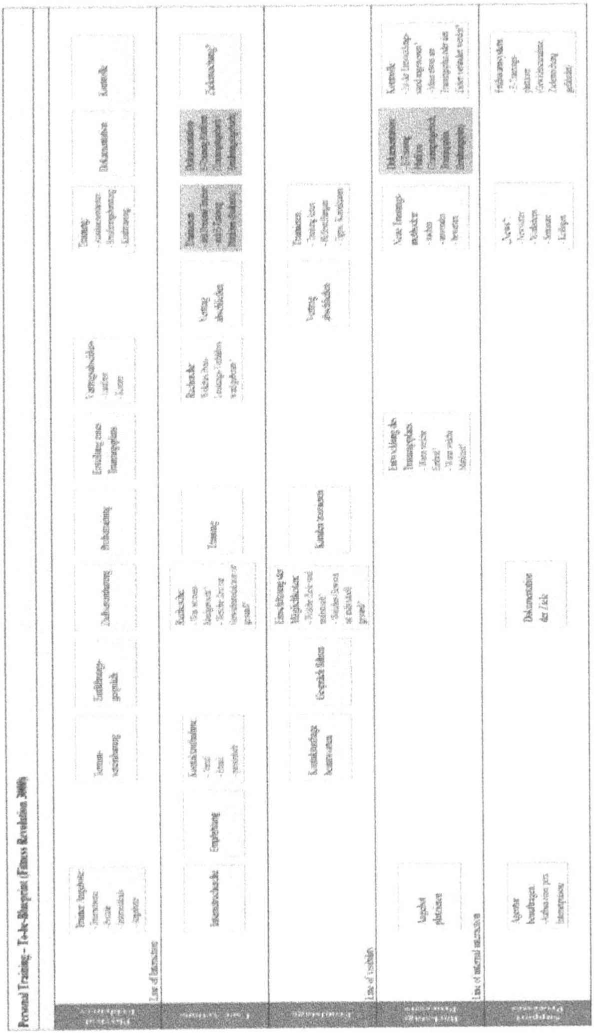

Abbildung 8: SOLL-Blueprint
Quelle: Eigene Darstellung

5.3 Prozessbeschreibung

Der Prozessablauf der SOLL-Situation beruht im Wesentlichen auf den Kenntnissen der Prozessbeschreibung der IST-Situation. In dieser Beschreibung sollen ausschließlich die Veränderungen und die Verbesserungen im Vergleich zum IST-Prozess zur Geltung kommen.

Die entscheidende Verbesserung in der SOLL-Situation ergibt sich im Prozess nach Abschluss des Vertrages.

Durch die zum Einsatz kommende E-Training Plattform, die alle Übungen sowie verschiedene Features zur Kontrolle wie zum Beispiel ein Trainings- oder Ernährungstagebuch für die Kunden enthält, ist der Kunde im Stande an jedem beliebigen Ort auf die Plattform zugreifen zu können. Schon nach dem ersten Trainingstag mit dem Personal Coach kann ihm nun eine individuelle Aufgabe erteilt werden, die er separat und zusätzlich außerhalb der vereinbarten Übungseinheiten durchführen soll. Während der gesamten Laufzeit des Vertrages ist der Personal Trainer bemüht, mit dem Kunden in Kontakt zu bleiben und sich nach dessen Leistungsstand und Wohlergehen zu erkundigen sowie in Erfahrung zu bringen, ob die besprochenen Methoden und Übungen Erfolg zeigen. Ein Frühwarnsystem auf der Plattform hilft ihm dabei, jeden einzelnen Kunden besser zu kontrollieren. Somit weiß der Personal Trainer über jeden seiner Klienten hinsichtlich des aktuellen Leistungsniveaus genau Bescheid, sodass bei schon eingetretenen Erfolg die bewährten Methoden beibehalten und bei Misserfolg eventuelle Gegenmaßnahmen eingeleitet werden können.

5.4 Neue Kundenrolle

Die neue Kundenrolle soll die veränderte Sichtweise der Kunden aufzeigen, die durch den Einsatz der E-Training Plattform entstanden ist.

Durch die Plattform hat der Personal Trainer die Möglichkeit seinen Kundenstamm zu erweitern, wodurch die Kosten für die Kunden geringer werden. Somit könnten viele Zweifel und subjektiv empfundene Risiken im Hinblick auf die Finanzierung eines Personal Trainers beseitigt werden. Außerdem wäre der Kunde in der Lage zu jeder beliebigen Zeit zu trainieren. Somit kann er den Tages- oder Wochenablauf besser planen.

Nichtsdestotrotz muss der Kunde weiter die bereits erwähnten Eigenschaften wie Zuverlässigkeit und Pünktlichkeit bei Terminvereinbarungen, Zielstrebigkeit und vor allem Einsatzbereitschaft zeigen, um den eigenen Trainingserfolg zu sichern.

5.5 Fehlermöglichkeits- und Einflussanalyse

Ebenso wie die Prozessbeschreibung im SOLL-Prozess bezieht sich die Fehlerwahrscheinlichkeitsanalyse der SOLL-Situation auf die Fehlerwahrscheinlichkeitsanalyse der IST-Situation, sodass auch in dieser Analyse nur die Verbesserungen und Veränderungen dokumentiert werden.

Die einzige – jedoch nicht unerhebliche Abweichung – ergibt sich bei der <u>Dokumentation und Kontrolle</u> der Ergebnisse (Punkt 7 der IST-Situation), denn durch die E-Training Plattform ist der Personal Trainer bestens über jeden seiner vielen Klienten informiert und kann gegebenenfalls frühzeitig Veränderungen vornehmen. Auch für den Kunden ergibt sich aufgrund der Plattform bei der Kontrolle und Dokumentierung ein großer Vorteil, denn sie können jetzt sowohl ihre Messwerte als auch die Ernährung besser überprüfen, sodass jeder noch so kleine, erkennbare Fortschritt ersichtlich wird. Auch auf eventuelle Fehler wird man eher aufmerksam, sodass die Bedeutung in der Fehlerwahrscheinlichkeitsanalyse im Vergleich zur IST-Situation abnimmt (Fehlerwahrscheinlichkeit niedrig; Eintrittswahrscheinlichkeit 2; Bedeutung 5 = <u>10</u>[6]).

5.6 Justifikation

Die Justifikation zeigt bzw. rechtfertigt, wie sich die Kostensenkung durch die Verbesserungen in dem neuen Dienstleistungsangebot zusammensetzt und welche Komponenten dabei besonders stark betroffen sind. Aufgrund der neu entwickelten E-Training Plattform ist von folgender Kostenverteilung auszugehen (siehe Abbildung 9):

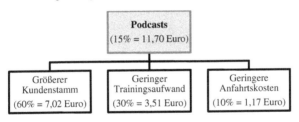

Abbildung 9: Ersparnisverteilung der Kosten auf Dienstleistungskomponenten
Quelle: Eigene Darstellung

Podcasts: Zentraler Bestandteil der Kostensenkung in der neu angepassten Dienstleistung des Personal Trainers sind die auf der E-Training Plattform zur Verfügung gestellten Podcasts. Das gesamte Einsparpotential von 15% pro angebotene Trainingseinheit im Vergleich zum

---

[6] Vergleich IST-Situation: Eintrittswahrscheinlichkeit (6) * Bedeutung (9) = 54

alten Leistungsangebot wird durch sie ermöglicht. Dadurch reduziert sich der neue Stundensatz von 78 Euro auf gegenwärtig 66,30 Euro[7] pro Stunde.

Durch die Podcasts ergeben sich 3 entscheidende Vorteile, auf die letztendlich die Kostenreduktion verfällt:

1. **Größerer Kundenstamm:** Der Trainer kann durch die standardisierten Trainingseinheiten, die durch die Podcasts gewährt werden, einen größeren Kundenstamm annehmen, wodurch der Umsatz beträchtlich gesteigert wird. Konkret kann der Personal Trainer 2-3 Kunden pro Woche mehr betreuen, sodass 60% der Gesamteinsparung (11,70 Euro) auf diese Komponente verfällt.

2. **Geringer Trainingsaufwand:** Weiterhin erlauben die angebotenen Podcasts dem Trainer ein besseres Zeitmanagement, da der Trainingsaufwand durch die Automatisierung der Trainingseinheiten viel geringer ausfällt. Infolgedessen kann er die Zeit effektiver Nutzen und beispielsweise auf Anfrage individuelle Trainingseinheiten anbieten. Dadurch erschließt sich ein weiterer Kostenvorteil, der 30% von der Gesamteinsparung ausmacht.

3. **Geringere Anfahrtskosten:** Nicht zu vernachlässigen sind die geringeren Anfahrtskosten, die sich durch die E-Training Plattform ergeben. Auf sie verteilen sich immerhin noch 10% der 11,70 Euro.

Diese Kostensenkung der einzelnen Dienstleistungsbestandteile ist die Grundlage für eine zukünftig mögliche Modularisierung der Leistung und somit auch des Preises. Fortan kann die Dienstleistung in Standard- und Individualbestandteile zerlegt werden. Je nach Kundenbedürfnis ist es möglich günstigere IT-unterstütze Module, wie die Podcasts in Kombination mit persönlichen Trainingseinheiten mit dem Coach in einem Baukastensystem zusammenzustellen. Diese kundenorientierte Bündelung der Leistungsbestandteile führt zu einem höchstmöglichen Nutzen für den Kunden und zugleich zu einem möglichen Kundenstammausbau für den Trainer.

Die Buchung von virtuellen Standard-Einheiten wird monatlich abgerechnet und ist unabhängig von der Nutzungsintensität. Zusätzlich können dann Trainings-Einheiten im persönlichen Kontakt mit dem Trainer gebucht werden, welche nutzungsabhängig – nach Häufigkeit, Art und Dauer – abgerechnet werden.

Der Kunde bestimmt, welche Aspekte der Leistungserbringung für ihn am wichtigsten sind und kann diese flexibel buchen. Die Abweichung (siehe Kapitel 3.4 Leistungslücken) zwischen der Wahrnehmung der Kundenerwartung durch das Management und der tatsächlichen Erwartung des Kunden kann somit behoben und auch den folgenden Gaps entgegen gewirkt werden.

---

[7] Formel: Alter Stundensatz - Kostenreduktion (%) => Rechnung: 78€ - (78€*15%) = 66,30€

6 Fazit

Die Beschäftigung eines Personal Trainers stellt für viele Menschen eine geeignete und bewährte Alternative dar, sein Körpergewicht dauerhaft zu reduzieren. Vor allem Menschen denen der eigene Antrieb zur Gewichtsreduzierung fehlt, stößt ein Engagement mit einem Personal Coach auf starkes Interesse. Nichtsdestotrotz liegen derzeit, in Folge der intensiven Betreuung eines jeden Kunden durch den Personal Trainer, die Kosten für jede Trainingseinheit mit durchschnittlich 78 Euro über dem, was viele potenzielle Kunden bereit wären zu zahlen. Demzufolge ist ein Personal Trainer für viele potentielle Kunden wirtschaftlich nicht tragbar.

Um diese Situation zu verbessern, wurde die Dienstleistung des Personal Trainers auf Basis der E-Training Plattform „Fitness Revolution 3000" angepasst. Auf der Plattform hat der Personal Trainer fortan die Möglichkeit einem breiten Kundenspektrum diverse Standard-Trainingseinheiten via Podcast in einem modularen System zur Verfügung zu stellen. Somit fällt die persönliche Betreuung des Personal Trainers bei jedem Kunden geringer aus, wodurch dieser wiederum seinen Kundenstamm erweitern kann. Auf Grund dieser Maßnahme können die Kosten für jede Trainingseinheit um bis zu 15% reduziert werden. Dem Kunden wird also ein geringer Preis pro Trainingseinheit bei gleichbleibender Qualität angeboten. Außerdem bietet die Plattform die Möglichkeit zur besseren Dokumentation und Kontrolle der Messwerte und kann somit auch als Frühwarnsystem eingesetzt werden.

Trotz der vielen Vorteile, die die verbesserte Dienstleistung verspricht, sind die Risiken nicht außer Acht zu lassen. Durch das Einrichten der Plattform und dem damit verbundenen Einsatz der IT werden hohe Investitionskosten für den Personal Trainer anfallen, die nicht für alle finanziell tragbar sind. Schwachstellen können sich außerdem noch bei der Implementierung der E-Training Plattform ergeben, denn häufig kommt es zu vielen Programmierfehler während der Einrichtungsphase. Außerdem haben nicht alle potentielle Kunden einen Internetzugang oder besitzen nicht ausreichend leistungsstarke PCs oder Notebooks, sodass der Zugriff auf die Plattform eventuell nur eingeschränkt wäre. Des Weiteren ist nicht jeder Kunde gewillt, zusätzliche Übungseinheiten neben den eigentlichen Trainingsstunden mit dem Personal Trainer durchzuführen, weil ihm eventuell die Motivation, die Zeit oder einfach die persönliche Betreuung fehlt. Zudem ist der Implementierungsaufwand und die Investitionskosten der E-Training Plattform zunächst hoch, sodass nur qualifizierte, hauptberufliche Personal Trainer das verbesserte Dienstleistungsangebot wahrnehmen sollten.

Alles im allem stellt die IT-vereinfachte Leistung „Fitness Revolution 3000" des Personal Trainers eine Neuerung und Verbesserung dar und ist trotz der genannten Risiken für viele potentielle Kunden und Trainer interessant. Vielen Kunden ist nicht primär die ständige persönliche Betreuung während der Gewichtsabnahme wichtig, sondern viel mehr ein zufriedenstellendes Ergebnis zu einem möglichst geringen Preis. Bei entsprechender Erfahrung und Qualifikation des Trainers bietet „Fitness Revolution 3000" daher eine gute Möglichkeit den Kundenstamm zu erweitern und hierbei den potenziellen und bereits bestehenden Klienten eine qualitativ hochwertige Dienstleistung zu einem günstigeren Preis anbieten zu können.

Literaturverzeichnis

Kessler, H.; Winkelhofer, G. (2004): Projektmanagement: Leitfaden zur Steuerung und Führung von Projekten. 4. Aufl., Springer Verlag, Berlin; Heidelberg; New York 2004.

Meffert, H.; Bruhn, M. (2009): Dienstleistungsmarketing: Grundlagen – Konzepte – Methoden. 6. Aufl., Gabler Verlag, Wiesbaden 2009.

Leimeister, J.M. (2012): Dienstleistungsengineering und -management. Springer Verlag, Berlin; Heidelberg; New York 2012.

Verzeichnis der Internetquellen

Bundesverband Personal Training (Hrsg.) (2013): Experten beantworten häufige Fragen zum Personal Training, http://www.bdpt.org/haeufige-fragen.html#c40; Abruf: 29. Juni 2013.

Edelhelfer GmbH (Hrsg.) (2013): Personal Training Preise: Querschnitt durch den deutschen Markt, http://www.edelhelfer.eu/expertise/publikationen/personal-training-preise/; Abruf: 05. Juli 2013.

Gräber, R. (2013): Die persönliche Betreuung durch einen Personal Trainer: Personal Training, http://www.der-fitnessberater.de/personal-training.html; Abruf 01. Juli 2013.

International Health, Racquet & Sportsclub Association (Hrsg.) (2013): http://www.ihrsa.org; Abruf: 05. Juli 2013.

Personalfitness (Hrsg.) (2013): Fragen zum Personalfitness, http://www.personalfitness.de/faq/; Abruf: 01. Juli 2013.

Statista GmbH (Hrsg.) (2009): Preise in Ost und West, http://de.statista.com/berichte/55/neu-berechnet:-niedrigere-preise-in-ostdeutschland-verkleinern-die-einkommensluecke-zwischen-ost-und-west/deutsches-institut-fuer-wirtschaftsforschung/pq/; Abruf: 10. Juli 2013

Gesprächsverzeichnis

Dietz, J. (2013): Kundin, Sportstudio Baunatal, persönliches Gespräch am 2. Mai 2013 in Kassel.

Katluhn, J. (2013): Personal Trainer / Sport- und Fitnesskaufmann, Sportstudio Baunatal, persönliches Gespräch am 9. Juni 2013 in Baunatal.

Loehe, M. (2013): Personal Trainer, Fitness First, persönliches Gespräch am 9. Juni 2013 in Kassel.

Wingenfeld, S. (2013): Personal Trainer, proVita Coaching, persönliches Gespräch am 12. Juni 2013 in Kassel.

www.ingramcontent.com/pod-product-compliance
Lightning Source LLC
LaVergne TN
LVHW042306060326

832902LV00009B/1306